AF372588

MARCHANT, ÉDITEUR, BOULEVART SAINT-MARTIN, N° 12.

L'AIGUILLETTE BLEUE,

VAUDEVILLE HISTORIQUE EN TROIS ACTES,

Par MM. Jaime et Masson,

REPRÉSENTÉ POUR LA PREMIÈRE FOIS, A PARIS, SUR LE THÉATRE DES VARIÉTÉS, LE 19 AVRIL 1834,

PERSONNAGES.	ACTEURS.	PERSONNAGES,	ACTEURS.
Mlle D'AIGUEVILLE	Mlle A. Beauchène.	UN INCONNU	M. Roland.
FANCHETTE.	Mlle Dupont.	BOURDON, domest. du Card.	M. Adrien.
LA PRINCESSE DE CONTI.	Mlle Pauline.	UN HUISSIER.	M. Octave.
DE BASSOMPIERE.	M. Bosquier.	UN OFFICIER DES GARDES.	M. Vézian.
LE CHEVALIER DE LUCY.	M. Alexandre.	Le Cardinal de Richelieu	
LE MARQUIS DE LAVILLE.	M. Daudel.	Le Père Joseph.	Personnages muets.
LE PÈRE BACHELU	M. Alexis.	Un Valet de pied, Un Crieur, Courtisans, Paysans,	
JEAN PICHET	M. Legrand.	Gardes.	
NICOLAS JOLIET.	M. Odry.		

ACTE I.

(Le théâtre représente l'entrée d'un hameau. Une chaumière à gauche, c'est celle de Pichet, et à droite la cabane de Joliet; au fond deux collines. Au lever du rideau, les habitans sont rassemblés devant la maison de Pichet, et se disposent à assister à la vente qui va avoir lieu.)

SCÈNE PREMIÈRE.

BACHELU, FANCHETTE, Paysans.

CHŒUR.

Air du Marché (Muette.)

La vente, amis, vient de s'ouvrir,
En ces lieux il faut enchérir.
Hâtons-nous donc tous d'acquérir;
C'est le moyen de s'enrichir.

FANCHETTE. Oh! mon Dieu! que je suis malheureuse!.. Ce pauvre Jean Pichet! qui est-ce qui aurait jamais pensé ça?

BACHELU. Silence, petite; quand tu te désoleras, ça n'est pas ça qui satisfera ses créanciers... D'ailleurs, je te défends de t'intéresser à lui, un garçon qui a des dettes...

FANCHETTE. Raison de plus pour l'aimer, puisqu'il n'est pas heureux... Après ça il peut se rattraper; il a vendu dernièrement des paniers à une belle dame du château de Compiègne, qui lui a promis de s'intéresser à nous... et peut-être qu'un jour...

BACHELU. Eh bien! quand ce jour-là sera venu, nous verrons; mais en attendant, je ne veux plus de lui pour mon gendre.

FANCHETTE. Ah! ah! que je suis malheureuse!

Nota. Les personnages sont inscrits en tête des scènes comme les acteurs doivent être placés au théâtre : le premier tient la gauche des spectateurs. Les changemens, pendant les scènes, sont indiqués par des notes.

LE CRIEUR, *dans la chaumière*. A deux livres six deniers l'escabeau.

(Pichet sort de sa chaumière; les paysans y entrent.)

SCÈNE II.

PICHET, BACHELU, FANCHETTE.

PICHET, *entrant*. Ah! par exemple, bien l'bonjour, père Bachelu, bonjour, Fanchette.

FANCHETTE, *pleurant*. Bonjour, Jean Pichet.

PICHET. Ah! une drôle de chose! Figurez-vous, père Bachelu, l'escabeau de ma grand'mère, un méchant morceau de bois de rien du tout qu'il vient d'monter à deux livres six deniers! Faut-il que j'aie du bonheur! tout ça se vend un prix fou!

BACHELU. Tu appelles ça du bonheur? voir tes meubles vendus, rester sans ressources, tout laisser à tes créanciers!

PICHET. Je sais bien que ça sera pour eux; mais enfin, c'est flatteur de voir que ça se vend comme ça...

FANCHETTE. Mon Dieu! qu'il est donc bête, ce garçon-là!... Comment, vous voyez tout ça tranquillement? mais vous devriez pleurer à chaudes larmes.

PICHET. Je le croyais aussi! Je me disais dans le tems : Ah! Dieu! si jamais on me vendait mes effets, il me semble que je mourrais de chagrin; et quand mes créanciers sont venus, je m'ai dit : J'm'en vas pleurer, c'est sûr... Eh bien! j'n'ai pas pu pleurer un' goutte... j'ai eu beau tirer mon mouchoir, j'ai pas pu pleurer... Ah! mon Dieu! comme on se trompe! je n'suis pas fait pour les larmes.

BACHELU. Mon pauvre garçon, tu fais

très-bien d'être philosophe ; et, puisque tu as tant de fermeté, je te dirai tout bonnement que tu ne dois plus compter sur la main de Fanchette.

PICHET, *vivement.* Eh ! pourquoi donc ça ?

BACHELU. Parce que j'ai réfléchi...

PICHET. Oh ! mais dites donc, est-ce que vous croyez que je suis insensible à tout ? Mes meubles, qu'est-ce que ça me fait ?... Mais Fanchette, c'est que c'est autre chose qu'un escabeau...

BACHELU. C'est possible !... mais je ne veux pas d'un gendre qui a des créanciers...

FANCHETTE. Est-ce que c'est de sa faute ? Mais il ne dit rien... Dieu, qu'il est bête !...

PICHET. Votre fille a raison, père Bachelu... est-ce de ma faute ?... Je demeurais il y a un an au village de Villiers ; j'arrive ici sans rien dire à personne, je m'établis vannier dans cette cabane, et avant-hier, au moment où j'y pensais l'moins, voilà mes créanciers qui me tombent sur le dos, sans que je sache comment ils ont pu me découvrir...

BACHELU. Donc, tu avais des dettes ?...

PICHET. Mais c'est par des malheurs ! C'est dans mon autre état que je les ai contractées ; avant d'être vannier j'étais oiseleur ; j'attrapais des moigneaux.... A la dernière saison, on me fait une commande superbe.

FANCHETTE. Une commande de moineaux ?

PICHET. Franc de port, pour envoyer à l'étranger. Je me prépare à faire mes fournitures ; mais v'là une mortalité affreuse qui tombe sur les chardonnerets ; le désespoir me prend, je baisse la tête, je lève le pied, et j'arrive ici, où je me croyais bien tranquille, quand on est venu saisir chez moi...

FANCHETTE. Ce pauvre Pichet !

BACHELU, *à Fanchette.* Veux-tu bien te taire ?...

PICHET. Oui, Fanchette, calmez-vous ; car vous m'affaiblissez le moral... Enfin, voyez-vous, père Bachelu, tout ça n'est rien... Quand j'aurai du bonheur, j'aurai du courage, et à présent que j'ai deux états, je vas piocher comme un sourd.

AIR *du Verre.*

Fin oiseleur, adroit vannier,
Avec mes filets, mes baguettes,
Le jour je f'rai des capes en osier,
Le soir je prendrai des alouettes.
Vous le voyez, j'ai cent raisons
Pour faire de bonnes affaires,

Puisque j'construirai les maisons,
Et que j'attraperai les locataires.
(*Pendant ce couplet, Fanchette passe auprès de Pichet.* *

BACHELU. Je t'en fais mon compliment ; mais Fanchette sera la femme de Nicolas Joliet.

PICHET. Nicolas Joliet !

FANCHETTE. Et moi, je ne veux pas... il est trop vilain.

PICHET. Mais non, il est gentil, Joliet.

FANCHETTE, *bas à Pichet.* Mais ne le vantez donc pas, puisqu'il est votre rival... Dieu, que vous êtes bêtes !

PICHET. C'est vrai !... Dieu, que je suis bête !... Voilà-t-il pas un beau mari qu'vous allez lui donner ?

BACHELU. Nicolas Joliet est colporteur, c'est un bon métier, et comme il sera de retour aujourd'hui, aujourd'hui nous ferons les fiançailles...

FANCHETTE, *pleurant.* Ah ! ah ! mon Dieu, mon Dieu !...

PICHET. Tenez, père Bachelu, je ne vous demande plus qu'une chose, c'est d'attendre jusqu'à demain, parce que j'ai des protections, et si d'ici là je n'ai rien obtenu, je me résignerai...

(On entend Joliet.)

BACHELU. C'est convenu... Mais, je ne me trompe pas, voilà du nouveau qui nous arrive... c'est Nicolas Joliet.

SCÈNE III.

FANCHETTE, PICHET, JOLIET, BACHELU.

JOLIET, *une balle sur le dos.* Me voilà, me voilà, mes amis !... mes bons amis !... Oh ! bon Jean Pichet !... douce Fanchette ! joyeux Bachelu !... Ah ! ma patrie !... que je vous presse tous sur mon cœur...

BACHELU, *aidant Joliet à ôter sa balle.* Bonjour, bonjour, Joliet !... et ton voyage, comment s'est-il passé ?

JOLIET. Ah ! parfaitement !... parfaitement ; nous autres colporteurs, nous passons sans entraves à travers les gens de guerre, les gens d'église ; nous sommes utiles partout ; on guette notre arrivée, et la veille d'une fête, tout le monde nous attend. Le hochet de l'enfant, le chapelet de la vieille, le corsage de la jeune fille... Ah ! la jeune fille ! tout est de feu, chez elle... le cœur et la prunelle, tout saute pour un ruban... Ah ! sexe prodigieux, toujours futile, mais toujours délicieux... Ah ! à propos, Pichet, est-ce que tu n'as pas vu des gens de ton village ?... C'est moi qui te les ai envoyés.

* Fanchette, Pichet, Bachelu.

FANCHETTE. Comment, c'est vous qui lui avez envoyé ces gens qui sont ici?...

JOLIET. Certainement que c'est moi...

PICHET. Eh bien, je te remercie!...

JOLIET. Ah! il n'y a pas de quoi... je vas te conter ça... Il y a huit jours, quand j'ai commencé ma tournée, je me suis arrêté à Villiers, et comme je parlais du pays de mes amis, tu penses bien que je ne t'ai pas oublié; il y en avait là quatre ou cinq qui te portaient un fier intérêt : quand ils ont entendu ton nom... Qu'est-ce qu'il a? a-t-il des meubles! Est-il ben à son aise? » alors je t'ai fait valoir... j'ai dit : Il est très-bien! il a tout ce qu'il lui faut!... Et ils étaient enchantés... Dieu! avaient ils l'air de t'aimer!... Aussi je te les ai envoyés...

BACHELU. Eh bien!... t'a fait là un beau coup!...

FANCHETTE. C'étaient des créanciers...

JOLIET. Des créanciers!... je suis saisi...

PICHET. Non, c'est moi qui le suis!... et ils m'ont vendu tous mes meubles...

JOLIET. Tous tes meubles... et ton mobilier?...

FANCHETTE. Et mon père veut que j'en épouse un autre...

JOLIET. Fanchette, vous me mettez dans une fausse position; car enfin Pichet est mon ami.

(Les habitans sortent de la chaumière de Pichet avec les meubles, effets et ustensiles qu'ils viennent d'y acheter.)

PICHET, *lui prenant la main.* Joliet, je t'estime singulièrement.

BACHELU. Allons, voilà la vente terminée... tout le monde s'en va... Fanchette, tu vas me suivre... Compère Joliet, vous savez que nous avons à causer d'une affaire.

PICHET. Oui, mais j'ai votr' parole jusqu'à demain.

BACHELU. C'est entendu.

CHOEUR, *emportant les effets,* etc.
La vente est terminée,
En ces lieux { finissons { la journée.
           { finissez {
Le verre en main!   *bis.*
Allons { régler le pot de vin!..
Allez {
La vente est terminée!
En chantant { finissons { la journée.
            { finissez {
Allons { amis, etc.   *bis.*
Allez {
Après { retournons { au pays.
      { retournez   {

(*Les habitans s'en vont; Bachelu et Fanchette sortent aussi.*)

SCÈNE IV.

PICHET, *regardant dans la chaumière.*

Joliet!

PICHET. Ah! c'est étonnant! Dieu! que c'est grand, un logis où il n'y a plus rien!..

JOLIET. Est-ce qu'ils ont tout pris?

PICHET. Tout.

JOLIET. C'est affreux!... Venir saisir chez un homme... et tout prendre! Mais notre roi Louis XIII ne le sait pas.

PICHET. Quand il le saurait... Il a bien d'autres chats à fouetter!... Qu'est-ce que je vas devenir?... je n'ai plus qu'à me jeter à l'eau...

JOLIET. Hein!...

PICHET. C'est ma seule ressource... J'avais un' dame, une grande dame du château d' Compiègne, qui devait s'intéresser à moi, et je n'en ai plus entendu parler... Il est vrai qu'il y a deux lieues d'ici, et deux lieues, c'est ben loin pour rendre service.. Heureus'ment que la rivière est tout près...

JOLIET. Tu veux aller te jeter à l'eau... dans la rivière?

PICHET. Dans la rivière !...

JOLIET. Pichet, es-tu mon ami?

PICHET. Tiens!... puisque tu me prends ma femme!

JOLIET. Ne change **pas la question....** écoute...

Air : *Tyrolienne de* Mme *Malibran.*
Frères de lait avant que je grandisse,
Nous reposions sous les mêmes rideaux,
Je te suivais au sein de ta nourrice,
Je veux te suivre au sein des eaux.
Ah! ah! ah! etc.

PICHET. Comment... tu aurais la complaisance de m'accompagner?

JOLIET.
En travaillant de toutes les manières,
Sur cette terre, hélas! toujours courant...
Nous n'fîmes jamais au-dessus de nos affaires,
Dans la rivière nous serons au courant.
Ah! ah! ah! etc.

PICHET. Tu veux t'y mettre avec moi?

JOLIET. Oui, mon ami; d'ailleurs c'est un dédommagement que je te dois; tu as le malheur de n'avoir pas d'esprit! sans ça tu t'apercevrais que, malgré moi, malgré mon amitié... je suis cause de tous tes maux... Et je te laisserais t'enfoncer dans l'abîme!... et je resterais les bras croisés, comme si jamais il n'avait existé de Pichet?... Non, mon ami, pleurons sur l'existence... pleurons tant que tu voudras... mais quittons-la...

PICHET. Joliet, tu m'ouvres l'ame...

JOLIET. Oui, attendrissons-nous... mais quittons-la... Tu as intérêt à te défaire de moi... je suis ton cauchemar, ta bête noire, ta bête venimeuse...

PICHET. Comment, tu veux ?...

JOLIET. Je renonce à la vie... j'abandonne mes marchandises...

PICHET. Allons... c'est donc fini... Adieu, Fanchette.

JOLIET. Adieu, Fanchette !... Tu sais que je l'aimais aussi...

PICHET. C'est encore là une de nos fatalités... Tu dis un jour : « Il faut que j'aime une jeune fille !... pardié, j'ai bien envie d'aimer une jeune fille !... » et il faut que tu tombes justement sur celle de ton ami... sur l'unique objet des pensées de ton ami !

JOLIET. C'est juste, ça.

PICHET. Mais je te pardonne, Joliet.... je te pardonne ta rivalité... Embrassons-nous...

JOLIET. Embrassons-nous étroitement.

PICHET, *repoussant Joliet.* Je me sens exaspéré... Adieu, monde, qui ne t'es pas aperçu que j'étais dans un coin... Adieu, malheur !... je cours plus vite que toi... tu ne m'atteindras plus !... Et toi, mon père !... et vous, ma mère !...

JOLIET, *qui s'est approché, écoute ce que dit son ami.* Continue, continue... C'est très-joli, ce qu'il dit là... Est-ce qu'il aurait de l'esprit, maintenant?... Chose bizarre... ça arrive bien tard !...

PICHET. Adieu tout ce qui m'environne.. Joliet, mon ami, es-tu prêt?... partons!..

JOLIET. Oui, partons... (*Regardant sa chaumière.*) Adieu, séjour passé de ma jeunesse... asile futur de ma vieillesse, tu peux disposer de toi maintenant. (*A Pichet.*) Viens, mon ami, fuyons, fuyons ! Adieu !... Ah! attends... une idée... La mère Gibelot me doit quinze sous... il faut que j'aille les chercher.

PICHET. Mais ça n'est pas la peine...

JOLIET. Je te demande pardon... Je n'ai plus le tems de faire crédit, puisque je me retire du commerce... Attends-moi, je reviens... je reviens dans un instant.

(Il s'enfuit.)

SCÈNE V.

PICHET, *puis* Mlle D'AIGUEVILLE, *suivie d'un paysan qui lui indique Pichet et sort.*

PICHET, *seul.* Allons, voilà un accroc... J'étais si bien en train... C'est vrai, ces choses-là, faut pas s'y reprendre à deux fois, ou ça ne vaut plus rien. (*Il se retourne et aperçoit mademoiselle d'Aigueville qui s'avance avec précaution.*) Ah! qu'est-ce que je vois?... Est-ce que je ne vivrais déjà plus?... Serait-ce un ange?

Mlle D'AIGUEVILLE, *s'approchant.* Chut !..

PICHET, *la reconnaissant.* Ma belle dame du château de Compiègne !

Mlle D'AIGUEVILLE, *le regardant.* (*A part.*) Oui, c'est bien lui... (*Haut.*) Dites-moi, mon ami, me reconnaissez-vous ?

PICHET. Oh ! certainement... vous êtes la dame aux paniers.

Mlle D'AIGUEVILLE. Je vous avais promis de venir vous voir, de vous protéger...

PICHET. C'est vrai !... oh ! je me le rappelle bien !... Est-ce que vous venez toujours pour ça ?

Mlle D'AIGUEVILLE. Oui, mon ami.

PICHET. Alors, ça s'trouve bien !... Si vous aviez seulement pu partir un peu plus tôt... attendu que ce matin on a tout vendu dans ma chaumière.

Mlle D'AIGUEVILLE. Pauvre garçon !... rassurez-vous, me voici, maintenant.

PICHET. Ah ! mais je ne me plains pas... vous avez l'air si bon, si obligeant !... et puis vous êtes si jolie !... être protégé par vous, ça donnerait presqu'envie de devenir malheureux... Dites donc, madame, vous savez bien, Fanchette, cette petite dont je vous ai parlé.

Mlle D'AIGUEVILLE. Oui, je sais...

PICHET. Eh bien ! je ne l'épouse plus... son père me la refuse. Dans le fait, ça se conçoit... je n'ai plus rien, pas seulement un' chaise, un lit !.. Où voulez-vous que j'la mette ?

Mlle D'AIGUEVILLE. Rassurez-vous... je puis tout réparer... mais il faut me rendre un service.

PICHET. Ah ! mon Dieu !... avec grand plaisir ! pourvu que ça ne coûte pas cher, et que ça n' soit pas bien long, car j'ai donné parole à un ami.

Mlle D'AIGUEVILLE. Cela est impossible... j'ai compté sur vous ; d'ailleurs, ne pouvez-vous remettre cette affaire?

PICHET. Oh ! madame, impossible... nous devons nous jeter à l'eau dans un instant, et vous concevez...

Mlle D'AIGUEVILLE. Par exemple, vous n'en ferez rien !... Je vous le répète, vos chagrins sont finis... et je vais vous donner les moyens d'assurer votre bonheur, votre fortune... je vais vous charger d'une mission.

PICHET. Ah! mon Dieu !... j'ai bien besoin d'argent, mais faut être délicat. Je dois vous dire que je suis bien bête. Qu'est-ce que c'est qu'une mission?

Mlle D'AIGUEVILLE. C'est une chose très-facile : vous n'avez rien à dire.

PICHET. Alors, je tâcherai d'en venir à bout.

Mlle D'AIGUEVILLE. Vous irez à Rueil, devant le château du cardinal de Richelieu, vous entrerez dans les jardins...

PICHET. Est-ce que le cardinal voudrait m'acheter des paniers?

Mlle D'AIGUEVILLE. Non... Une fois arrivé, vous vous promènerez jusqu'à ce que quelqu'un vienne vous parler.

PICHET. Et s'il ne vient personne, faudra-t-il y coucher?

Mlle D'AIGUEVILLE. On viendra... une personne s'approchera de vous, et vous dira : *Compiègne.*

PICHET. Bah! Compiègne, à côté d'ici?

Mlle D'AIGUEVILLE. Oui, et vous répondrez : *six heures du soir.*

PICHET. C'est singulier, on me dira : Compiègne, et je répondrai : six heures du soir; c'est bien drôle, c'est que ça ne se suit pas. Alors, faudra y être à cinq heures...

Mlle D'AIGUEVILLE. Sans doute, à la pointe du jour, demain, vous partirez.

PICHET. Ah ça! mais, celui qui me dira *Compiègne*, comment est-ce qu'il me reconnaîtra?

Mlle D'AIGUEVILLE. Tout est prévu, voici une aiguillette bleue; vous l'attacherez ici, à votre boutonnière.

PICHET. Ah! mais, madame, c'est pas là, c'est toujours là que ça s'met... c'est que vous n'avez pas l'habitude...

Mlle D'AIGUEVILLE. Faites ce que je vous dis.

PICHET. Je veux bien, mais on va remarquer.

Mlle D'AIGUEVILLE. C'est ce que nous voulons. Maintenant, si vous arrivez demain avant la fin du jour, vous recevrez une somme de cent louis.

PICHET. Pour vous les apporter?

Mlle D'AIGUEVILLE. Non!... que vous garderez...

PICHET, *vivement.* Cent louis! Je vous demanderai la permission de m'asseoir, vous m'avez ébloui. Ah! Fanchette! ô bonheur! ô madame! cent louis! mais je n'aurai donc plus rien à faire, je n'aurai plus besoin de travailler; je passerai ma vie à vous faire des paniers, à vous attraper des oiseaux, je vous comblerai d'moineaux!...

Mlle D'AIGUEVILLE. Vous me promettez bien d'exécuter mes ordres... vous n'avez que vingt lieues à faire.

PICHET. Ah! certainement!... cent louis pour vingt lieues! je vous prends trop cher; envoyez-moi donc à quarante lieues!

Mlle D'AIGUEVILLE. Tenez, voici quelques pièces pour vos frais de voyage.

PICHET. Trois louis, déjà; qu'est-ce que je vas faire de cet argent-là? si je rache-

L'Aiguillette Bleue.

tais..... non!..... si je..... oui..... non....
(Il réfléchit.)

Mlle D'AIGUEVILLE, *à part.* C'est bien, j'ai suivi ses instructions; envoyer quelqu'un du château, c'eût été peut-être compromettre le chevalier, et je l'aime tant..... Ce jeune paysan inconnu parcourra librement les jardins sans qu'on puisse rien soupçonner; enfin, j'ai fait ce qu'il a voulu; notre bonheur, disait-il, en dépend, et puis, ce n'est pas trahir la reine.

SCÈNE VI.

FANCHETTE, PICHET, Mlle D'AIGUEVILLE.

FANCHETTE, *à Pichet.* Ah! mon Dieu, mon Dieu! quel malheur! on m'a dit que vous alliez vous noyer?

PICHET. Du tout, sois donc tranquille, je ne me noie pas, madame vient de me repêcher.

FANCHETTE. C'est-il possible?

Mlle D'AIGUEVILLE. Oui, mon enfant, ne craignez rien, il sera votre mari.

PICHET. Ah! ça, et si pendant ce tems-là on allait la donner à un autre?

FANCHETTE. Comment, pendant ce tems-là?

PICHET. Ça ne te regarde pas; nous parlons de toi, mais ça ne te regarde pas; dites donc, madame, pendant ce tems-là?

Mlle D'AIGUEVILLE. Demain, en venant m'assurer de votre départ, je l'emmènerai; je l'attache à moi.

FANCHETTE. Comment? on m'emmènera?

PICHET. Mais, laisse-toi donc attacher.

Mlle D'AIGUEVILLE. Oui, mon enfant, je vous prends à mon service; vous viendrez à la cour.

FANCHETTE. A la cour!...

Mlle D'AIGUEVILLE. Il faut que je vous quitte. (*A part.*) La reine pourrait s'apercevoir de mon absence. (*Haut.*) A demain, je compte sur vous; n'oubliez rien.

Air de la Prima Donna.

Allons, je pars soudain.
Je crois à votre zèle...
Surtout soyez fidèle.
ENSEMBLE.
Allons, je pars, etc.
PICHET.
Madam', c'n'est pas en vain
Qu'vous comptez sur mon zèle,
A mon devoir fidèle,
Je partirai demain.
FANCHETTE.
Je veux comprendre en vain
C'qu'elle attend de son zèle,
Il faut qu'il me l'révèle
Avant d'partir demain.

(Mademoiselle d'Aigueville sort.)

SCÈNE VII.

PICHET , FANCHETTE.

FANCHETTE. Qu'est-ce que tout ça signi-fie ? ce départ, cette belle dame, ce secret, moi à la cour.

PICHET. Ce départ, j' te vas conter ça, c'te belle dame, c'est notr' protectrice ?

FANCHETTE. La dame aux paniers...

PICHET. Oui...

FANCHETTE. Ce secret !

PICHET. Tu le sauras...

FANCHETTE. Mon voyage à la cour ? qu'est-ce que j'y ferai donc dans la cour ?

PICHET. Tu balayeras dans la cour.

FANCHETTE. Mais, ce secret ?

PICHET. J' vas te l' dire, ferme les yeux.

FANCHETTE , *fermant les yeux.* Est-ce bon ?

PICHET. Ça n'est pas mauvais... (*Il at-tache l'aiguillette.*) Tiens , regarde à pré-sent.

FANCHETTE. Eh ben ! quoi ?

PICHET, *lui montrant l'aiguillette.* Ici, là !

FANCHETTE. Qu'est-ce que c'est que ça ?

PICHET. Chut !... laisse-moi me prome-ner...* A présent, approche-toi, dis-moi : Compiègne ! tout bas, Compiègne !

FANCHETTE. Que c'est bête !...

PICHET. Ça m'a fait cet effet-là aussi.

FANCHETTE , *à voix basse.* Compiègne...

PICHET , *à voix basse.* Six heures du soir...

FANCHETTE. Hein !

PICHET. Six heures du soir.

FANCHETTE. Qu'est-ce que ça veut dire ?

PICHET. Donne-moi cent louis...

FANCHETTE. Ah ! mon Dieu !... il est devenu fou !...

PICHET. Du tout ; tiens, regarde-moi en-core ça...

(Il montre son argent.)

FANCHETTE. Trois louis !

PICHET. Eh ben ! j'en aurai cent comme ça ; j' vas-t-il être riche. Ah ! je pourrai faire le fier à mon tour avec le père Ba-chelu ! je pourrais lui refuser sa fille... Qu'est-ce que c'est donc que la fille d'un Bachelu ? gardez donc votre fille , ma-lotru...

FANCHETTE. Eh bien ! monsieur ?

PICHET. Attends donc , je serai content de te refuser, parce que ça me ferait plai-sir vis-à-vis de lui ; mais je ne te refuse pas , parce que ça me ferait de la peine vis-à-vis de moi ; au contraire, va le trouver, dis-lui que j'ai trois louis... que j'en aurai beaucoup... qu'il vienne, que

* Fanchette , Pichet.

je lui *conterai* tout ça ; va le dire à tout le village , à tous nos amis ! excepté à Joliet, car il ferait tout manquer. Il nous porte-rait encore malheur.

FANCHETTE. Le v'là , le v'là , tais-toi , aies toujours l'air triste !

PICHET. T'as raison ; qu'elle est fine !... ah ! mon Dieu, qu'elle est fine !

SCÈNE VIII.

FANCHETTE, PICHET, JOLIET.

JOLIET. Pichet, mon cher ami, Pichet, ne t'impatiente pas... me voilà !... (*Aper-cevant Fanchette.*) Ah !

PICHET. Tu peux parler devant elle.

JOLIET. J'ai choisi un endroit pour bien nous noyer.

PICHET. T'as choisi un endroit...

JOLIET. Un site délicieux, des ombrages toujours verts, un sable fin et délicat.

FANCHETTE, *regardant son chapeau.* Mais qu'avez-vous donc là à votre chapeau ?

JOLIET. C'est mon deuil que je porte , n'ayant pas de famille pour honorer ma cendre. (*A Pichet.*) En veux-tu la moitié ?

FANCHETTE. Du tout, il ne se noie plus, je ne veux pas, je lui défends... je vous le défends aussi.

JOLIET. Fallait donc le dire avant ; vous me faites faire des dépenses... Mais c'est égal , puisque vous le défendez...

FANCHETTE. Certainement. Ah ça ! je vous laisse ensemble ; pas de bêtises. (*Bas à Pichet.*) Je vas chercher mon père , je le ramène, je ramène tout le monde , et ce soir , le repas des fiançailles.

PICHET, *bas à Fanchette.* Chut ! tais-toi.

FANCHETTE , *pleurant.* Adieu , Jean Pichet.

PICHET. Adieu , ma p'tite Fanchette, je t'obéirai.

(Fanchette sort.)

SCÈNE IX.

PICHET, JOLIET.

JOLIET. Et moi aussi, je lui obéirai : je vivrai.

PICHET, *feignant un air triste.* Nous vi-vrons.

JOLIET. Et le plus long-tems que nous pourrons, pour lui obéir.

PICHET. Pour lui obéir. (*A part.*) Je n'ai pas encore fait d' bêtises.

JOLIET, *apercevant l'aiguillette.* Que dia-ble as-tu donc là ?.. une aiguillette !... j'en vends comme ça . moi.

PICHET , *à part.* Là, je disais que j' n'a-vais pas fait d' bêtises... en v'là une solide ! j'ai oublié d' l'ôter.

JOLIET. Pichet, vous ne répondez pas à votre ami.

PICHET. Si, si ; c'est Fanchette qui m'a donné ça. Elle veut que je la porte tous les jours, pour me rappeler qu'elle m'a défendu de mourir. (*A part.*) C'est très-adroit.

JOLIET. C'est ridicule... donner un brinborion comme ça à un malheureux, privé de son mobilier. Elle aurait dû te donner un traversin.

PICHET. Eh bien! oui ; mais je n'aurais pas pu sortir tous les jours avec un traversin à ma boutonnière.

JOLIET. Au fait, c'est vrai, dans les chaleurs... (*A part.*) O Fanchette! je m'en souviendrai.

PICHET. La douleur m'abîme. Je rentre dans ma demeure solitaire... je suis bien malheureux! (*A part.*) Je crois que j' ne me suis pas mal tiré de là.

(Il rentre en faisant des gestes de douleur. La nuit vient.)

SCÈNE X.
JOLIET, *seul.*

Eh bien! je ne peux pas supporter ça : ce tableau me déchire l'âme. Je ne pourrai donc jamais le rendre heureux! j'avais pourtant choisi un bon endroit. Ah! une idée ingénieuse!.. j'ai mon cousin qui a fait un héritage en mon nom, un héritage superbe!.. je vas le chercher. Ah! Pichet, Pichet! tu pourras épouser ta Fanchette! Quel sacrifice affreux!.... oui, c'est décidé, je vas trouver mon cousin qui demeure à Rueil, dans le palais du cardinal, où il occupe un poste de confiance... il est à la tête des chiens. Je n'avertis personne, et je reviendrai les bénir... Entrons prendre mon manteau. Ah! Pichet, Pichet! tu pourras juger ton ami.

(Il rentre chez lui.)

SCÈNE XI.
BACHELU, FANCHETTE, Paysans, *puis* PICHET, *sortant de sa cabane.*

CHOEUR.
Quelle heureuse nouvelle!
Accourons en ces lieux...
La fortune rebelle
Exauce enfin ses vœux.

PICHET, *paraissant.* Plus bas, plus bas! Oui, mes amis, je suis heureux ; mais silence! méfions-nous de Joliet, il me jetterait un sort.

BACHELU. Mais, comment ça se fait-il?

PICHET. Plus bas!.. D'abord, voici de l'or, qui n'est pas une chimère ; et je vous dirai le reste à table.

BACHELU. Ah ça! j'y vais de confiance ; mais je ne te promets rien.

(Nuit complète.)

SCÈNE XII.
LES MÊMES, JOLIET, *sortant de sa cabane.*

PICHET. Le v'là, le v'là! taisons-nous. Silence! les femmes.

(Ils se rangent à gauche.)

JOLIET, *à part.* Ah! mon Dieu! les v'là... pourvu qu'ils ne m'aperçoivent pas! O mes amis! je fais votre félicité à la sourdine... O Fanchette! je t'abandonne à lui ; mais j'emporte un souvenir de toi, un souvenir que je me suis donné en ton nom, car tu m'as aussi défendu de mourir. (*Il entr'ouvre son manteau et place à sa boutonnière une aiguillette pareille à celle que Mlle d'Aigueville a remise à Pichet.*) Partons!

(Il s'éloigne avec précaution.)

PICHET. Il s'en va... Suivez-moi, mes amis!

CHOEUR, *à voix basse.*
Le souper nous appelle ;
Toujours, selon nos vœux,
Que le plaisir fidèle
Nous rassemble en ces lieux.

(*Ils sortent tous par la droite ; on voit, sur la colline à gauche, Joliet qui leur fait des signes d'adieu.*)

ACTE II.

(La scène est à Rueil, au château du cardinal de Richelieu. Le théâtre représente une galerie ouverte au fond sur un jardin. Portes latérales. A gauche, l'appartement du maréchal de Bassompierre ; à droite, un cabinet.)

SCÈNE PREMIÈRE.
BOURDON, *seul.*

(Il paraît au fond et s'arrête, il entre, regarde et va écouter aux portes.)

Tout le monde dort encore dans le château de Rueil! J'ai rôdé toute la nuit sans pouvoir rien apprendre, et M. le cardinal de Richelieu ne sera pas très satisfait de mon rapport de ce matin. Depuis deux jours que, sous le prétexte d'une fête, il a voulu réunir ses principaux ennemis, j'étudie tous les visages, j'écoute à toutes les portes... Il paraît qu'il y a une grande conspiration sur le tapis. D'abord, il en pleut des conspirations... Si je pouvais en découvrir une petite...... comme ça me pousserait!.. Attention, et récapitulons... Nous avons ici sous la main, parmi les principaux suspects, le maréchal de Bassompierre. Celui-là, avec sa figure réjouie et son gros ventre, a plutôt l'air d'un épicurien que d'un conspirateur ; ensuite la princesse de Conti... On attend ce matin le marquis de Laville, l'un des plus chauds ennemis du cardinal. Pas de doute, la partie va s'engager ; gare à ceux qui la perdront !.. Ce château est trop bien disposé pour qu'un secret puisse s'y garder. Des conduits dans toutes les murailles, où chaque voix vient se trahir... des appartemens où l'œil du maître peut sans cesse pénétrer. J'entends du bruit, on ouvre une porte... c'est celle du maréchal de Bassompierre... tâchons de savoir pourquoi il sort de si grand matin. (*Il se tient à l'écart dans la dernière coulisse de droite. La porte de gauche s'ouvre, une femme sort.*) Dieu me pardonne, c'est Mme la princesse de Conti !.. Quelle horreur ! une intrigue dans le palais d'un saint prélat !.. dans l'asile de toutes les vertus !.. Heureusement qu'il y a des espions !

SCÈNE II.

LA PRINCESSE DE CONTI. *Elle sort du cabinet du maréchal de Bassompierre,* **BOURDON.**

LA PRINCESSE, *avec mystère, et à la cantonnade.* Non, restez, maréchal, ne me reconduisez pas... un mari peut se dispenser d'être poli avec sa femme.

BOURDON, *à part.* Sa femme !

LA PRINCESSE. Quelle jolie chose qu'un mariage secret !

BOURDON. Un mariage secret !

LA PRINCESSE. Du mystère et du plaisir !.. c'est presque comme si l'on n'était pas marié.

BOURDON. C'est vrai.

LA PRINCESSE. Et puis cela sert si bien nos desseins contre ce damné cardinal !

BOURDON. Ah ! ah !

LA PRINCESSE. Le roi et la reine ignorant les liens qui m'unissent à M. de Bassompierre, je puis leur vanter à chaque instant les talens, le génie du maréchal ; je puis enfin, sans paraître intéressée dans cette affaire, hâter sa prochaine élévation au rang de premier ministre.

BOURDON. Dieu ! quelle conspiration !

LA PRINCESSE. Qui croirait que nos tête-à-tête avec mon mari ne sont que des conciliabules pour renverser le cardinal ?

AIR *du Bouquet de bal.*
Nos rendez-vous de mystère
Cachent les plus grands projets,
La politique sévère
Peut seule y trouver accès...
D'avance il faut qu'on administre
Pour montrer le bien qu'on fera ;
Mais lorsque l'on est ministre
On ne songe plus à cela.

BOURDON, *à part.* Je tiens ma conspiration... ma fortune est faite.
(Il entre dans le cabinet à droite.)

LA PRINCESSE. N'oublions pas chez qui nous sommes ici... Quelqu'un vient. (*Elle remonte la scène.*) Je ne me trompe pas, c'est un ami... le marquis de Laville.

SCÈNE III.

LA PRINCESSE, LE MARQUIS. *Il est en uniforme de son grade.*

LE MARQUIS. La princesse !.. permettez.
(Il lui baise la main.)

LA PRINCESSE. Comment, à Rueil de si grand matin ? vous êtes donc aussi invité par le cardinal ?

LE MARQUIS. Sans doute ; en ma qualité d'ennemi intime de son éminence, j'avais des droits à son souvenir.

LA PRINCESSE. Que voulez-vous dire ?..

LE MARQUIS. Que cette fête, si fastueusement annoncée, cache un piége ; nous sommes les prisonniers de Richelieu.

LA PRINCESSE. Il se pourrait ?

LE MARQUIS. Oui, il ne nous a réunis chez lui qu'afin de nous avoir plutôt sous la main lorsqu'il jugera convenable de nous faire embastiller.

LA PRINCESSE, *avec résolution.* Il faut absolument que le maréchal soit ministre.

LE MARQUIS. Et il le sera avant peu... les choses vont à merveille ; il ne s'agit que de gagner un auxiliaire dans le camp ennemi.

LA PRINCESSE. Silence !.. Si l'on vous entendait !

LE MARQUIS. Oh ! je ne cache à personne ma façon de penser ; je suis un soldat assez mal instruit des finesses de cour... J'ai pris parti pour le maréchal parce que je le sais brave et que je le crois bien intentionné... Richelieu me déplaît, parce que c'est bien plus pour satisfaire son orgueil que pour servir le pays qu'il tient Louis XIII en tutelle, et, malgré les épigrammes du cardinal sur son embonpoint, Bassompierre est mon homme, je le dis sans peur, car j'aime les conspirations à haute voix, et les conciliabules à portes ouvertes. Qu'on me prouve que j'ai tort, et je tourne casaque ; il me faut un bon ministre, voilà tout.

AIR *de Caleb.*
Eh ! que m'importe à moi le nom d'un homme,
Ici, pourvu qu'il ne travaille pas,
Soit pour Madrid, soit pour Vienne ou pour Rome,
Mais pour la France, il est sûr de mon bras...
Qui gère mal, mérite qu'on le chasse ;
Le bon ministre, intègre, sage, humain,
Est quelque part, mais il n'est pas en place,
Frayons la route et tendons-lui la main.

Mais il me tarde de voir le maréchal...
Sans doute il est déjà occupé des affaires
les plus graves... .

BASSOMPIERRE, *dans l'appartement, il chante.*
Je dirais au roi Henri :
Reprenez votre Paris ;
J'aime mieux ma mie
O gué !
J'aime mieux ma mie !
(*Il entre gaîment.*)

SCÈNE IV.
BASSOMPIERRE, LA PRINCESSE, LE MARQUIS.

BASSOMPIERRE. Eh ! bonjour, cher marquis !

LE MARQUIS. Mon cher maréchal...

LA PRINCESSE. Pouvez-vous bien chanter si gaîment dans des circonstances si importantes !

BASSOMPIERRE. Encore le même reproche?.. Ne voulez-vous pas que je prenne les faveurs de la fortune au tragique ?

AIR : *Comme faisaient nos pères.*
Vous savez qu'à Rome jadis,
Brutus, en homme habile,
Contrefit l'imbécille,
Pour cacher ses projets hardis !
Fiesques, de Gênes
Brisait les chaînes,
Tout en chantant l'amour, l'oubli des peines ;
A Florence, conspirateurs,
Les sybarites en vainqueurs
Couraient au but en roulant sur des fleurs.
Je veux suivre les rites
Des joyeux sybarites !
Oui, conspirons, mais en gais sybarites !

LA PRINCESSE. Quelle légèreté !..

LE MARQUIS. Ah ! ça, maréchal, je venais vous prévenir qu'une grande intrigue se noue dans ce moment en notre faveur... Depuis que le rusé cardinal a forcé la reine-mère à se retirer à Compiègne, ce qui équivaut à une espèce d'exil, vous savez que, seul près du roi, Richelieu s'est emparé de toute la puissance... Nos amis viennent d'agir... Médicis a réclamé ses droits de mère... elle veut voir son fils... Le roi a consenti, mais en secret... S'il parvient jusqu'à la reine-mère en l'absence du favori, la déchéance du cardinal est signée, et nous triomphons tous.

BASSOMPIERRE. Et je m'élève à sa place !

LE MARQUIS. Il faudrait nous ménager des intelligences chez Richelieu, afin d'être instruits de ses démarches.

LA PRINCESSE. Rien de plus facile, le chevalier de Lucy, son secrétaire, n'est-il pas amoureux de mademoiselle d'Aigueville, la nièce du maréchal, et l'une des filles de la reine !..Médicis encourage cette liaison dans l'espoir que la jeune personne entraînera son amant à lui livrer les secrets du cardinal ; et le ministre, de son côté, compte sur la passion de son secrétaire pour obtenir des confidences qui nuiront à la reine. Le bonheur du chevalier dépend de nous, je réponds de lui.

BASSOMPIERRE. Il faudrait qu'il remît entre nos mains certains papiers que je lui désignerais... et qui, placés sous les yeux du roi...

LA PRINCESSE. C'est une trahison...

LE MARQUIS. C'est de bonne guerre !... Le cardinal a bien fait fouiller dans votre hôtel, depuis que vous êtes à Rueil.

LA PRINCESSE. Quelle infamie !

LE MARQUIS. Il défend son portefeuille... et nos hommes d'état ne regardent pas aux moyens, pourvu qu'ils prolongent leur puissance.

LA PRINCESSE. Le tumulte de la fête a déjà fait tomber en mon pouvoir de certaines preuves...
(*Elle montre un portefeuille.*)

LE MARQUIS. Comment, ce portefeuille ?...

LA PRINCESSE. Appartient au chevalier de Lucy... Quelques lettres d'amour, quelques lignes de la main de votre nièce... billets sans conséquence, mais qui sauront nous l'attacher.... Le voici ; laissez-moi faire ; promettez, s'il le faut, votre consentement au mariage.

BASSOMPIERRE, *au marquis.* Au fait, nous trouverons toujours bien un moyen de ne pas tenir ma promesse.

SCÈNE V.
LE MARQUIS, BASSOMPIERRE, LA PRINCESSE, LE CHEVALIER DE LUCY.
Il salue profondément.

LE CHEVALIER. Je venais annoncer à M. le maréchal qu'un travail extraordinaire privera son éminence de recevoir ce matin ses nobles hôtes.

LE MARQUIS, *bas au maréchal et à la princesse.* Il est sans doute occupé à préparer nos lettres de cachet.

LA PRINCESSE, *bas.* Ah ! quelle affreuse idée !

BASSOMPIERRE, *bas.* S'il s'occupe de nous aujourd'hui, nous le lui rendrons demain.

LA PRINCESSE, *bas.* Attention. (*Haut.*) Je crois que l'événement qui interdit à M. le maréchal la satisfaction de faire sa cour au cardinal-ministre lui sera moins sensible aujourd'hui que dans tout autre moment.

BASSOMPIERRE. En effet, des embarras qui me sont survenus...

LA PRINCESSE. Ceux du mariage de votre nièce...

LE CHEVALIER, *à part.* Qu'entends-je ?

LA PRINCESSE, *continuant.* Avec M. le comte de Beaufremont.

BASSOMPIERRE. Il serait déjà fait sans quelques difficultés....

LE CHEVALIER, *à part.* Je respire !

LA PRINCESSE. Qui ne tarderont pas à être levées.

LE CHEVALIER, *avec agitation.* M. le maréchal ne connaît peut-être pas le plus grand obstacle à ce mariage.

LA PRINCESSE, *bas aux autres.* Vous voyez qu'il y vient tout seul.

LE MARQUIS. Mais quel est cet obstacle, si les deux familles sont d'accord ?

LE CHEVALIER. Il faudrait que les époux le fussent aussi... et mademoiselle d'Aigueville ne consentira jamais...

BASSOMPIERRE, *vivement.* Comment savez-vous cela, monsieur?

LE MARQUIS. Vous lui connaissez donc des engagemens ?

LA PRINCESSE. Ah ! messieurs... c'est une indiscrétion que vous demandez.... Chevalier, gardez un noble silence... l'amour vous en tiendra compte. (*Bas au maréchal.*) Insistez pour tout savoir.

BASSOMPIERRE. J'espère que monsieur expliquera sur-le-champ ses paroles.

LE MARQUIS. Elles sont graves, chevalier.

LA PRINCESSE. Mais s'il ne le peut pas, si l'honneur lui interdit toute explication... Allons, messieurs, soyez moins exigeans ! (*Tirant le portefeuille.*) Chevalier , ayez aussi moins de réserve ; d'ailleurs, il est des choses qu'on peut savoir... Ce portefeuille...

LE CHEVALIER, *vivement.* O ciel ! c'est le mien....

ENSEMBLE.

(*A part.*)

Quel effroi !
Loin de moi
L'espérance
Fuit d'avance !
Mon secret est connu,
C'en est fait, je suis perdu !

LES TROIS AUTRES, *à part.*

Quel effroi !
Je le vois,
Sa prudence
A fui d'avance !
Son amour est connu,
Le cardinal est perdu !

LA PRINCESSE, *examinant le chevalier.*

De son trouble quelle est la cause?
Ce portefeuille au billet doux
Renfermerait-il autre chose?
Un secret !...

(*Elle visite vivement le portefeuille, touche un res-*

sort qui le fait ouvrir, une lettre tombe, Bassompierre la ramasse avec vivacité.)

LE CHEVALIER, *dans le plus grand trouble.*
Dieu !.. que faites-vous ?

BASSOMPIERRE, *ouvrant la lettre.*
J'en ai le droit... d'une nièce chérie,
C'est l'écriture...

LE CHEVALIER.
Ah ! quelle cruauté !...

LE MARQUIS, *bas au maréchal.*
Vous agissez avec déloyauté !...

BASSOMPIERRE.
Je fais de la diplomatie !

ENSEMBLE.

LE CHEVALIER, *à part.*
Quel effroi ! etc.

LES TROIS AUTRES, *à part.*
Quel effroi ! etc.

BASSOMPIERRE, *lisant.* « Henri, j'ai cédé » à vos instances ; notre bonheur, m'avez- » vous dit, dépend de ma résolution, j'ai » suivi toutes vos instructions... »

LE CHEVALIER, *l'interrompant.* De grâce, monsieur le maréchal...

BASSOMPIERRE, *continuant.* « Vous cher- » cherez à rencontrer dans le parc de Rueil » un paysan portant une aiguillette de laine » bleue à sa boutonnière ; approchez-vous » de lui en prononçant le mot : Compiè- » gne ; l'heure qu'il vous indiquera sera » celle de l'entrevue de ma noble maî- » tresse et du roi, son fils... Je ne sais quel » usage vous prétendez faire de mon in- » discrétion ; mais vous l'avez voulu, je » n'ai pas hésité.

» LOUISE D'AIGUEVILLE. »

LE CHEVALIER, *avec désespoir.* Ah ! j'ai trahi mon bienfaiteur.

BASSOMPIERRE, Nous triomphons !... le cardinal sera joué comme un sot... si nous parvenons à lui cacher l'arrivée de l'envoyé de Compiègne.

LA PRINCESSE, *lui remettant son portefeuille.* Maintenant , monsieur de Lucy, c'est à vous de décider si vous voulez obtenir la main de Louise.

LE CHEVALIER. Ah! madame, en pouvez-vous douter ?

BASSOMPIERRE. Monsieur, pour devenir mon neveu, M. de Beaufremont s'est séparé de la cause du cardinal.

LE CHEVALIER. Ah! je crois vous comprendre ; mais Richelieu n'était pas son bienfaiteur.

LE MARQUIS. C'est vrai, c'est vrai, jeune homme, et vous ne sauriez l'imiter, l'honneur vous le défend !

LA PRINCESSE, *bas au marquis.* Que faites-vous donc?

LE MARQUIS. En effet, j'oubliais mon rôle.

BASSOMPIERRE , *au chevalier.* Monsieur

de Beaufremont attend aujourd'hui ma réponse.

LE CHEVALIER, *dans le plus grand trouble.* Eh bien! dites-lui que Louise est aimée, qu'elle m'aime, et que pour elle...

BASSOMPIERRE *. Je vous entends, agissez franchement et je ferai mon devoir.

LA PRINCESSE. D'abord, il faut que Richelieu ignore l'arrivée de ce paysan.

LE CHEVALIER. J'ai mis la lettre sous ses yeux.

BASSOMPIERRE. Raison de plus pour qu'il ne se défie pas de vous... vous lui direz que vous n'avez pas vu l'homme à l'aiguillette.

LE CHEVALIER. En effet, je ne l'ai point encore vu; et vous refuserez votre nièce au comte de Beaufremont.

BASSOMPIERRE. Je vous le jure! (*A la princesse.*) Cela ne veut pas dire que je la donnerai au chevalier de Lucy.

LA PRINCESSE, *au marquis.* Nous le tenons!... Que pensez-vous de mon adresse?

LE MARQUIS. Je pense, madame, que si l'amour fait faire de ces sotises-là... je vais le supprimer dans mon régiment de Bourgogne afin d'être sûr de mes soldats. Quinze jours de cachot au premier amoureux qui me tombe sous la main.

LA PRINCESSE. Séparons-nous, un plus long entretien pourrait faire naître des soupçons... Le chevalier nous rejoindra dans les jardins.

(Elle sort avec le maréchal et le marquis.)

SCÈNE VI.
LE CHEVALIER, *seul.*

Qu'ai-je fait?... où m'ont-ils entraîné? ah! si l'amour me fait abandonner mon maître, du moins je ne trahirai pas mon bienfaiteur... Voici l'heure du lever du cardinal, je vais lui porter ma démission... (*Un domestique entre par le côté opposé à l'appartement de Bassompierre et remet une lettre à Lucy.*) Une lettre! (*Le domestique sort.*) C'est du cardinal. (*Il lit.*) « Après » ce qui vient de se passer, le cardinal » pense que le chevalier de Lucy a l'inten-» tion de le quitter. » Grand Dieu! « Mais, » il n'a pas encore le droit d'être un ingrat, » c'est lorsqu'il se sera vu comblé de bien-» faits qu'il pourra se séparer de la cause » de son protecteur; aussi le cardinal, » afin de hâter ce moment, refuse-t-il au-» jourd'hui la démission du chevalier, et » loin de lui retirer ses bonnes grâces, il » le nomme son secrétaire particulier. » Se peut-il?... cette bonté!... ce ton de re-

____
* Le marquis, la princesse, Bassompière, le chevalier.

proche me confondent... mais comment a-t-il su si promptement? Quel homme!... mais non, je ne serai point ingrat... je vais me justifier, me jeter à ses pieds... je vais...
(Il entre dans le cabinet à droite; on voit paraître au fond Nicolas Joliet cherchant à s'orienter.)

SCÈNE VI.
JOLIET, *seul.*

C'est affreux!... c'est abominable!... c'est immoral!... (*Regardant.*) Dieu!... que c'est beau ici... c'est très-bien arrangé... J'ai retrouvé mon cousin, mais ce qui est indigne, c'est qu'il n'a pas voulu me reconnaître... un cousin germain d'enfance, qui était charmant quand il était petit... c'est le souffle impur de la cour qui l'a flétri!.. on m'a flétri mon cousin. Je veux parler au maître de la maison, vu que j'ai besoin de mon argent; il me le faut, pour marier mon ami dont j'ai causé le malheur. O Pichet!... ô Fanchette!

AIR : *Romance du Pré aux Clercs.*
Tendre amie, fill' jolie,
Comptez sur mon secours!
J'emploierai tout' ma vie
A servir vos amours!
Votre hymen doit s'en suivre;
Enfin, pour vous unir,
Si je ne peux pas vivre,
Il me faudra mourir.

SCÈNE VIII.
LE MARQUIS, JOLIET.

LE MARQUIS, *entrant, à part.* Que cherche cet homme?... Que vois-je!... une aiguillette bleue!... (*Haut.*) D'où viens-tu?

JOLIET. D'où je viens?... je viens... Ah! monsieur, je vous salue.

LE MARQUIS. Je te demande d'où tu viens?

JOLIET. Ah! pardon... pardon... je viens du village de Plessier.

LE MARQUIS. Fort bien!

JOLIET. Non, fort mal, attendu que je venais pour trouver mon cousin... Ah! pardine, il faut que je vous conte ça... donnez-vous donc la peine de vous asseoir, je vas vous conter ça puisque vous v'là.

LE MARQUIS. C'est inutile.

JOLIET. Au contraire... figurez-vous que mon cousin...

LE MARQUIS. Je sais, je sais, c'est un prétexte, tu n'a pas de cousin ici.

JOLIET. Ah! c'est un peu fort, vous aussi, mais il vous a donc déjà influencé?

LE MARQUIS. Assez... assez... D'abord, tu vas commencer par ôter cette aiguillette, il est important que personne ne la voie; allons, donne.

JOLIET. Ça, ça?

LE MARQUIS. Donne donc. (*Il la met dans sa poche.*) Tu m'attendras ici un instant... dix louis pour toi si tu sais obéir.

JOLIET. Dix louis!... et tout de suite?

LE MARQUIS, *lui donnant une bourse.* Les voici.

JOLIET. Ah ça! mais, est-ce que je dors? est-ce que je dors?... dix louis pour que je reste là un instant... mais je m'attache ici pour toujours...

SCÈNE IX.

BASSOMPIERRE, LE MARQUIS, JOLIET.

BASSOMPIERRE. Ah! marquis, je vous cherchais... nos affaires vont fort mal, je viens de rencontrer cet imbécille de Lucy, il s'avise d'avoir des remords, il renonce au traité d'alliance.

LE MARQUIS. Que nous importe, je tiens notre homme. (*Il montre Joliet.*) Voici l'aiguillette dont il était porteur.

BASSOMPIERRE. Se pourrait-il?

LE MARQUIS. Allons, parle à M. le maréchal*.

JOLIET. *étourdi.* Monsieur le maréchal.
(*Il se baisse pour saluer de toutes ses forces.*)

BASSOMPIERRE. Veux-tu me faire une promesse?

JOLIET. Un maréchal!

BASSOMPIERRE. Voyons... quinze louis si tu consens à ne pas paraître devant le cardinal avant ce soir.

JOLIET. Ah! je vois ce que c'est, mon cousin a intrigué aussi près de celui-là... Mais, monseigneur, vous ne savez donc pas que l'héritage de ma tante se monte à sept cent trente-cinq livres dix-sept sous.

BASSOMPIERRE. Sa tante, un héritage... (*A part.*) Ah! j'y suis, c'est pour dérouter l'ennemi. (*Haut.*) Eh bien! huit cents livres si tu consens à ne pas te montrer.

JOLIET. Huit cents livres!... Ah! mon maréchal, je me cacherai n'importe où.

BASSOMPIERRE, *lui prenant le bras.* Crains la rancune du marquis.

LE MARQUIS, *de même.* Compte sur la protection du maréchal.

JOLIET**. Le maréchal! le marquis! mais c'est éblouissant! je suis dans le sein de la cour, je marche sur les pieds du trône.

LE MARQUIS. Ah! voilà la princesse, elle sera enchantée de ton arrivée.

JOLIET, *vivement.* La princesse! une princesse!... Ah! je suis dans le soleil.

____
* Bassompierre, Joliet, le marquis.
** Bassompierre, le marquis, Joliet,

SCÈNE X.

BASSOMPIERRE, LA PRINCESSE, LE MARQUIS, JOLIET.

LE MARQUIS. Venez, venez, madame... voici l'envoyé de la reine.

LA PRINCESSE. Comment?

LE MARQUIS. Voyez plutôt.
(*Il lui montre l'aiguillette.*)

JOLIET. Diable d'aiguillette!.. qu'est-ce que tout cela signifie?

LA PRINCESSE. Il ne faut pas que cet homme reste dans les jardins.

BASSOMPIERRE, *bas.* Il serait dangereux de nous en emparer.

LE MARQUIS. Aucun signe apparent ne peut plus le faire reconnaître.

BASSOMPIERRE, *bas.* Faites-le jaser. (*Haut.*) Nous nous retirons... dans un instant, nous nous réunirons tous dans mon appartement où l'on prépare le déjeuner.

JOLIET. Un déjeuner!..

BASSOMPIERRE. Oui, quand tu auras satisfait aux demandes de madame, tu déjeuneras avec nous.

JOLIET. Déjeuner avec un maréchal, avec une princesse!... O charmante aiguillette!.. et dire que j'en ai vendu plus de cinq cents à six sous la pièce... Quelle fortune j'ai engloutie!

(*Le marquis et le maréchal rentrent en faisant des signes à la princesse.*)

SCÈNE XI.

LA PRINCESSE, JOLIET.

LA PRINCESSE. Voyons, mon cher, vous allez tout me confier. D'abord, asseyez-vous.

JOLIET, *s'asseyant.* Après vous, madame.

LA PRINCESSE. Voyons, répondez-moi; du courage.
(*Elle s'assied.*)

JOLIET. J'essaierai; car je n'ai pas été élevé à parler à des princesses... il faudrait être pris de jeunesse.

LA PRINCESSE. Voyons, remettez-vous.

JOLIET, *à part.* C'est très-drôle, je ne peux pas la regarder en face... elle a un profil.

LA PRINCESSE. Dites-moi, c'est pour elle que vous venez, n'est-ce pas?

JOLIET. Ah! madame, uniquement pour elle... pour lui aussi... je veux faire leur bonheur.

LA PRINCESSE, *à part.* Très-bien! (*Haut.*) Et vous a-t-elle parlé de la reine?

JOLIET, *très-surpris.* De la reine? (*A part.*)

Est-ce que Fanchette connaît la reine ? (*Haut.*) Elle ne m'en a rien dit.

LA PRINCESSE. Si vous persistiez à voir le cardinal, ce serait sacrifier les intérêts du roi.

JOLIET, *stupéfait*. Du roi, à présent !

LA PRINCESSE. Allons, ayez une entière confiance ; songez que c'est un secret d'état, et si vous désirez qu'on soit reconnaissant...

JOLIET. Un secret d'état... (*A part.*) Je deviens bête comme un animal !

LA PRINCESSE. Elle a bien dû vous mettre un peu dans sa confidence... Vous savez pourquoi vous venez ici ?

JOLIET. Ah ! je crois bien, que je le sais ! (*A part.*) Dans ce moment-ci, j'ignore absolument mon existence. (*Haut.*) Tenez, madame la princesse, voilà tout bonnement ce qui en est : c'est que sans moi, et si je ne m'étais pas dérangé, elle n'épouserait pas celui qu'elle aime.

LA PRINCESSE. A la bonne heure... Ensuite ?

JOLIET. Quant à la reine, au cardinal et au secret d'état, elle ne m'en a pas soufflé le mot ; seulement, c'est que si le père Bachelu ne me voit pas revenir avec une dot pour elle, il ne voudra pas qu'elle se marie, et le pauvre Jean Pichet, mon ami intime, en mourra de chagrin... V'là ce que je sais.

LA PRINCESSE, *se levant*. Que signifie ?..

JOLIET. Et pour le reste, permettez... pour le reste, je ne souffrirai pas que ça se passe comme ça... Il faudra que le mariage se fasse. Ainsi, vous comprenez, si ça ne réussit pas de votre côté, par les dix louis que j'ai reçus et les huit cents livres qu'on m'a promis, je me retourne de l'autre côté tout de suite. Au fait, je suis bien plus intéressé au jeune homme qu'à la femme, moi ! Le jeune homme, c'est mon ami d'enfance.

LA PRINCESSE. Qu'entends-je ?.. Mais c'est un piége !.. cet homme n'est qu'un espion !

JOLIET, *se levant*. Moi, un z'espion ?

LA PRINCESSE. Misérable ! tu tiens notre secret... tu sais tout.

JOLIET. C'est un peu fort, par exemple !

LA PRINCESSE. Mais tu ne profiteras pas de ton adresse... Je cours avertir le maréchal... Tremble, si tu dis un mot de nos projets !

JOLIET. Je ne dirai rien ! je ne dirai rien !..

LA PRINCESSE. Si tu cherches à sortir de ces lieux, tu te perds... Ce château est plein d'oubliettes que tu ne saurais décou-

vrir, et qui te feront disparaître au premier pas que tu feras pour t'échapper.

(Elle sort)

SCENE XII.

JOLIET, *seul*.

Me voilà dans une jolie position !.. Ma tête bout... j'ai le cerveau en combustion, et mon esprit est dans une éclipse totale... et c'est mon aiguillette qui est cause de tout ça ! C'est donc un sortilége !.. Fanchette, tu m'as donc placé sous le charme ? Et Pichet, qui en avait aussi une, que sera-t-il devenu ?.. Ah ! mon Dieu ! et les oubliettes... Je marche, je marche sans réflexion, et je m'expose à être oublié... Ah ! la ! la ! ma machine se détraque !.. Ah ! Pichet ! Pichet ! c'est pour toi que je suis venu ici.

SCÈNE XIII.

PICHET, JOLIET.

JOLIET, *l'apercevant*. Ciel ! Jean Pichet !

PICHET. Que vois-je ? Joliet !

JOLIET. Ah ! mon ami !

(Il se jette dans ses bras.)

PICHET. Mais je suis stupéfait.. Que fais-tu donc ici ?

JOLIET. Ah ! mon ami, ce que j'y fais... mais toi ?

PICHET. Moi, je ne peux pas te le dire.

JOLIET. Je le sais, mon pauvre Pichet. (*Lui montrant son aiguillette.*) C'est pour ça que tu y viens.

PICHET. Comment ! tu le sais ?

JOLIET. Nous sommes ensorcelés tous les deux. Je te vas tout expliquer : quand tu m'as fait voir ça à ta boutonnière, tu m'as dit que c'était Fanchette qui te l'avait donné ; alors moi, par une jalousie déplorable, j'en ai voulu mettre une pareille, et je suis venu ici pour trouver mon cousin.

PICHET. Ton cousin, qu'est dans le château ?

JOLIET. Oui ; mais si tu savais ce que j'ai vu !... Ecoute bien : supposons que je te laisse ici avec ton aiguillette... il va venir un grand sec qui va te donner dix louis... C'est affreux, mon ami !

PICHET. Mais, pas du tout, je veux bien, moi.

JOLIET. Ne t'inquiète pas, il en reviendra un gros qui te promettra huit cents livres.

PICHET. Mais c'est fameux !

JOLIET. Ne t'inquiète pas.... Alors la princesse arrivera... on te laissera seul, tous les deux ; elle te fera asseoir près d'elle, et elle te regardera avec un petit air très-gentil.

PICHET, *riant*. Vraiment!

JOLIET. Ne t'inquiète pas... Vous parlerez ensemble du gouvernement.

PICHET, *le regardant*. Joliet!.. dis donc, Joliet? (*A part.*) Ah! mon Dieu! est-ce qu'il serait devenu fou?

JOLIET. Des secrets d'état... du cardinal, de la reine, ne t'inquiète pas... du roi, du déjeuner... et tout d'un coup, bernique!.. on te menacera et on voudra te faire disparaître.

PICHET. Joliet! tu n'y es plus, mon ami.

JOLIET. Je voudrais bien ne plus y être.

AIR : *Comme il m'aimait*
Tirons-nous d'là.
De tout côté l'danger nous presse ;
On te donn'ra
De l'or comme ça...
Tirons-nous d'là.
Nous somm's entourés de noblesse;
Nous somm's cernés par un' princesse.
Tirons-nous d'là.

Pichet! Pichet! reste ici... ne va pas là, ne bouge pas de là, tu vas t'enfoncer.

PICHET. Mais décidément il a perdu la tête.

JOLIET. Et tout ça, mon garçon, à cause de l'aiguillette. Mais ton danger m'exaspère... Je suis ton ami, Pichet, et je te sauverai... Je m'empare de ce signe périlleux.

(Il lui enlève son aiguillette.)

PICHET. Mon aiguillette!

JOLIET. C'est pour ton bien que je te dépouille. (*Il s'enfuit en lui criant :*) Pichet, ne bouge pas, il y a des oubliettes.

SCÈNE XIV.

PICHET, *seul.*

Allons, le voilà qui m'emporte mon aiguillette, à présent! c'est trop fort, à la fin!.. Je me révolte contre son amitié. C'est lui qui est cause qu'on m'a pris mes meubles; c'est lui qui voulait me prendre ma fiancée ; c'est lui qui prend mon talisman... Oh! les amis! les amis!

AIR: *J'ai d'l'argent.*
Les amis
Croient que tout leur est permis.
Les amis
Sont des Turcs en tout pays.
Garçon, vous êt's amoureux,
Vlan! pour un cœur vous êt's deux;
Vous avez, un' fois marié,
Un tiers au lieu d'un' moitié
Les amis, etc.

Dans not' famill' c'est un sort,
On a le nez un peu fort,
Vous êt's aquilin, c'est clair,

Vos enfans ont l'nez en l'air.
Les amis, etc.

Et moi qui avais tant promis à cette dame... Tiens! voilà du monde... c'est peut-être ceux qui me cherchent.

(Il se met à l'écart.)

SCÈNE XV.

LE MARQUIS, LA PRINCESSE, BASSOMPIERRE, LE CHEVALIER, PICHET.

BASSOMPIERRE , *au chevalier*. Ainsi , monsieur, vous nous avez trompés?

LA PRINCESSE. Cet homme à l'aiguillette n'était qu'un espion du cardinal à qui nous devions livrer nos secrets.

LE MARQUIS. Nous sommes contreminés.

LE CHEVALIER. Si en effet vous avez vu l'homme que nous attendons , il vient réellement du village de Plessier, près Compiègne.

PICHET, *s'avançant*. Compiègne !.. voilà, voilà !

BASSOMPIERRE. Ce n'est pas l'homme que nous avons vu.

LE CHEVALIER. Je l'ignore... Ne viens-tu pas de Compiègne ?

PICHET , *bas au chevalier*. Six heures du soir.

TOUS. C'est lui !

LE CHEVALIER , *à Pichet*. Et tu as vu la dame ?

PICHET. Certainement que je l'ai vue !.. une jeune belle dame, charmante, et qui m'a bien recommandé d'être exact.

BASSOMPIERRE. Et cet autre de tout-à-l'heure ?

PICHET. Ah ! je vas vous dire, monsieur, c'est un de mes camarades qu'est venu voir ici son cousin, et qui , par jalousie , a mis une aiguillette comme moi ; mais ne craignez rien, je vous réponds de lui.

BASSOMPIERRE , *à part*. Nous sommes sauvés! (*Haut à Pichet*[*].) Tiens, mon ami, prends, et compte sur ma protection.

PICHET , *à part*. Une bourse!.. ça commence juste comme Joliet.

BASSOMPIERRE. Chevalier, vous serez mon neveu.. Surtout que le cardinal ignore que nous avons vu le messager.

LE MARQUIS. Cette fois nous triomphons.

BASSOMPIERRE. Nous t'emmenons déjeuner avec nous.

PICHET. Juste comme Joliet.

BASSOMPIERRE.
AIR : *Valse de Robin des Bois.*
Nous sommes sûr de la victoire !
Notre projet réussira.

* Le marquis, la princesse, le chevalier, Bassompierre, Pichet.

Nous allons nous couvrir de gloire ,
Car devant nous Richelieu tombera.

LE CHEVALIER. Mais que dira la France?

BASSOMPIERRE.
Suite de l'air.
Quand un bourgeois fait une chute,
En le voyant on rit d'abord ;
Quand un ministre enfin fait la culbute
On rit encore bien plus fort.
TOUS.
Nous sommes sûrs de la victoire.

(*Ils rentrent chez le maréchal.*)

SCÈNE XVI.

JOLIET , *accourant.*

Pichet ! Pichet ! eh bien ! qu'est-ce qu'ils ont fait de mon ami ?.. Ah ! mon Dieu ! il se sera enfoncé. Pichet! Pichet !.. rien... il aura trouvé le moyen de s'évader... Eh bien ! tant mieux, mon compagnon est en sûreté maintenant, je les brave tous. on peut venir m'arrêter !..

(Il place à sa boutonnière l'aiguillette qu'il a prise à Pichet.)

SCÈNE XVII.

JOLIET , L'INCONNU , *puis* QUATRE GARDES *et* UN OFFICIER , *au fond.*

(L'inconnu entre avec précaution et regarde Joliet attentivement.)

L'INCONNU. Voici sans doute l'homme dont on m'a parlé ?

JOLIET. Je suis flambé... on vient me mettre la main dessus...

L'INCONNU, *regardant l'aiguillette que Joliet porte à sa boutonnière.* C'est lui !.. Ecoute : depuis quand es-tu ici ?

JOLIET. Pardi , allez, ça vous avancera bien quand vous me ferez coffrer.

L'INCONNU. Il ne s'agit pas de ça... réponds !

JOLIET. Pardi , je suis ici depuis ce matin.

L'INCONNU. Et qui as-tu vu ?

JOLIET. Ah ! voilà... c'est eux qui vous envoient, n'est-ce pas ? je vous demande un peu si c'est de ma faute... est-ce que je savais moi... Tenez , si vous êtes bon enfant, si vous voulez me laisser partir, voilà les dix louis qu'ils m'ont donnés.

L'INCONNU. Dix louis... et de qui les tiens-tu ?

JOLIET. Du gros... non, pas du gros... de l'autre , du marquis.

L'INCONNU. Le marquis !.. Mais n'es-tu pas du village de Plessier.

JOLIET. Sans doute, je suis venu ici pour une affaire.

L'INCONNU , *à part.* C'est bien cela.

JOLIET. Alors, il y en a un gros qu'on a fait venir, un qu'on appelle le maréchal, qui m'a promis une somme énorme pour que je ne parle pas au cardinal avant ce soir.

L'INCONNU , *à part.* A merveille. (*Haut.*) Ensuite.

JOLIET. Mais vous devez bien le savoir, puisque c'est eux qui vous envoient ; après ça , la princesse est venue, elle m'a dit qu'il ne fallait non plus voir le cardinal avant ce soir , parce que le roi, par rapport à la reine.

L'INCONNU. C'est bien, assez. (*Appelant.*) Bourdon. (*Il paraît au fond , bas.*) Ma voiture.

JOLIET , *à part.* Seigneur de Dieu !

L'INCONNU , *à l'officier des gardes.* M. de Vaillac.

(Il s'approche, l'inconnu lui parle bas.)

JOLIET , *à part.* C'est fait de moi !

L'INCONNU, *à Joliet.* Avance.

JOLIET. Je vous jure , monsieur...

L'INCONNU. Avance donc.

JOLIET. Je vous assure.

L'INCONNU. Tu vas me suivre , et s'il le faut, tu répèteras tout ce que tu viens de me dire.

JOLIET. A l'instant, monsieur. (*Apercevant Pichet, qui sort du cabinet de Bassompierre.*) Adieu , Pichet, nous nous reverrons.

(On entend le bruit d'un équipage qui sort.)

SCÈNE XVIII.

LE MARQUIS, LA PRINCESSE, BASSOMPIERRE , LE CHEVALIER , PICHET , L'OFFICIER *et* LES GARDES , *au fond.*

BASSOMPIERRE. Une voiture qui s'éloigne.

LE MARQUIS. C'est celle du cardinal.

LA PRINCESSE. Où va-t-il ?

L'OFFICIER , *entrant.* Monsieur de Lucy, au nom du roi, je vous arrête.

LE CHEVALIER. Moi?

TOUS. On l'arrête !

L'OFFICIER. Rendez-moi votre épée.

BASSOMPIERRE. Le secrétaire du cardinal arrêté , Richelieu qui prend la fuite.

LE MARQUIS. Plus de doutes , notre ennemi est renversé !

LA PRINCESSE. Le roi est maintenant près de sa mère, ne perdons pas un instant, à Compiègne , messieurs.

TOUS. A Compiègne! à Compiègne !

BASSOMPIERRE.
Allons, partons,
Le sort nous favorise.
De notre espoir , (*bis.*)
De nos hardis projets,

Cet heureux jour assure le succès.

LE CHEVALIER, *à Bassompierre.*

J'ai voulu partager, monsieur, votre entreprise,
Vous en souviendrez-vous !
Songez à mon amour.

BASSOMPIERRE.

Richelieu fuit la cour,
Et je règne à mon tour !

ENSEMBLE

Allons, partons !
Le sort nous favorise,
Rendons-nous à la cour.

(*Le chevalier sort escorté par les gardes; Bassompierre présente la main à la princesse, ils se dirigent vers le fond, les autres personnages se disposent à les suivre. Le rideau baisse.*)

ACTE III.

(La scène se passe dans le château de Compiègne. Le théâtre représente le grand vestibule du château de Compiègne ; il est ouvert au fond et laisse voir le grand escalier et la galerie.)

SCÈNE PREMIÈRE.

FANCHETTE, Mlle D'AIGUEVILLE.

(Mlle d'Aigueville descend en scène par l'escalier, Fanchette la suit, mais elle reste sur l'escalier pour regarder derrière elle.)

Mlle D'AIGUEVILLE, *à elle-même.* En vérité, je ne comprends rien au trouble qui règne ici depuis quelques minutes... La reine-mère, si heureuse il n'y a qu'un instant de son entretien avec le roi, paraît inquiète maintenant... on chuchotte à voix basse... on parle de l'arrivée d'un grand personnage... mon Dieu, pourvu que le chevalier ait reçu mon message à tems !

FANCHETTE. Seigneur du ciel, que c'est beau, ce château de Compiègne !.. depuis c'matin j'en ai des éblouissemens, quoi!.. vrai, la tête me tourne ici, il me semble que j'suis grandi et que j'porte des plumes.

Mlle D'AIGUEVILLE. Ainsi, tu ne regrettes pas d'être venue à la cour.

FANCHETTE. Au contraire, c'est que la cour me convient tout-à-fait... avec ça qu'il y a des vestes galonnées qui m'disent que je suis gentille... des manteaux de soie qui me prennent le menton, et des habits tout reluisans de paillettes qui me serrent la taille, c'est ben plus agréable que les grosses mains des paysans de mon village.

AIR *du Premier Pas.*

C'est tout plaisir,
Ici d'pouvoir entendre
Tant d'mots charmans et plus d'un doux soupir,
Et ces baisers que chacun veut me prendre.
Et puis j'n'ai pas le droit de me défendre...
C'est tout plaisir.
C'est tout plaisir
Quand j'les vois par douzaine,
Se désoler de n'pouvoir m'attendrir...
A les en croir' je suis une inhumaine,

Et je les frai tous mourir à la peine.
C'est tout plaisir...

Aussi, mamzell', je n'veux plus vous quitter.

Mlle D'AIGUEVILLE. Cependant il faudra bien que tu retournes chez toi pour te marier; car tu te maries, toi, heureuse Fanchette.

FANCHETTE. C'est vrai; j'avais oublié ce pauv' Jean Pichet. Oh! mais, ça m' s'rait revenu comme d'habitude.... le soir en m'endormant.

Mlle D'AIGUEVILLE. Ce n'est pas bien, Fanchette, de perdre sitôt la mémoire.

FANCHETTE, *remontant la scène.* Est-ce qu'on peut garder quelque chose ici ?.... (*Regardant dans la galerie.*) Oh ! mais, tenez, voyez donc, voilà qu'on traverse la galerie... Qu'est-ce que c'est que celui-là? il est gentil.

Mlle D'AIGUEVILLE. C'est M. de Cinq-Mars, le grand-écuyer.

FANCHETTE. Ah ! c'est un grand, ce petit-là... et l'autre qui a l'air de mauvaise humeur ?

Mlle D'AIGUEVILLE. Silence! c'est le roi, sa majesté Louis XIII.

FANCHETTE. Bah !.... ça le roi.... mais c'est un homme comme vous et moi.

Mlle D'AIGUEVILLE. Plus bas, petite folle.

FANCHETTE. Ah ! c'est comme ça qu'il est fait ? tiens, tiens, tiens, je le croyais tout en or massif, avec une main plus grande que le pré à François Brochetout, et comme on disait que ça allait passer dans les mains du roi, je m'en étais fait une idée; mais dam! une idée bête comme Jean Pichet.

SCÈNE II.

Mlle D'AIGUEVILLE, PICHET, *en courrier, avec de grosses bottes. Il entre comme* **Fanch***ette prononce son nom.* FANCHETTE.

PICHET. Voilà !

FANCHETTE. Mon futur !..

Mlle D'AIGUEVILLE. Mon messager !...

PICHET. Lui-même! Tu te portes bien, Fanchette? et moi aussi; tu dois me trouver changé; je suis mieux, n'est-ce pas ? Aie !.. ne fais pas attention; c'est le cheval, quand on n'en a pas l'habitude.... Mais, vole donc dans mes bras, chère amante !.. j'irais bien dans les tiens, sans l'obstacle... (*Il montre ses bottes.*) Depuis que je suis courrier, je ne peux plus me permettre de marcher.

FANCHETTE. Ma foi, tout ça ne vous va guère bien.

PICHET. Silence ! Fanchette ! silence...
cachez vos opinions devant moi.... Nous
sommes dans un palais, et je suis un
homme en place ; je peux dire en place,
puisqu'il ne m'est pas possible de bouger
de là, vu les bottes, et.. Aie !..

Mlle D'AIGUEVILLE Eh bien ! les ordres
que je vous avais donnés, les avez-vous
exécutés fidèlement ?

PICHET. Oui, madame, fidèlement ;
d'ailleurs je ne pourrais pas être infidèle,
je n'ai pas assez d'esprit pour ça.

Mlle D'AIGUEVILLE. Vous avez vu la personne ?

PICHET. J'en ai vu plusieurs des person-
nes, des gens bien aimables... j'ai été parfaitement reçu. Il y a le gros, qui m'a
fait un accueil charmant, et la princesse
donc ! elle s'est très-bien comportée avec
moi ; j'ai mangé de tout... Enfin, on a
été si content de moi, de ma tenue en
société, que j'ai été nommé courrier
étonnant..... non.... c'est-à-dire, extraordinaire.... et c'est le gros qui m'a
fait ce cadeau-là. Je ne sais pas son nom ;
mais ça m'a l'air d'un bon vivant.

FANCHETTE, à Mlle d'Aigueville. Est-ce
que vous y comprenez quelque chose,
mamzelle ?

Mlle D'AIGUEVILLE. Absolument rien...
mais je tremble. Cette livrée qu'il porte,
c'est celle de mon oncle, le maréchal de
Bassompierre.

PICHET. C'est ça... le maréchal de....
c' que vous dites ; il ne vous ressemble
guère..... d'abord, il est beaucoup plus
gros que vous.

Mlle D'AIGUEVILLE. Mais vous ne me
parlez pas du chevalier ?

PICHET. Le chevalier, très-bien... nous
avons causé ensemble... il était avec le
gros !.. ça me faisait l'effet d'aller à merveille ; mais voilà que la débâcle est venue :
oh ! mais, une débâcle épouvantable avant
le dessert encore !.. je suis resté sur ma
bouche... On a dit : « Le cardinal vient
» de partir ! il fuit le traître, pour échap-
» per à la colère de... je n' sais plus qui. »
Alors, des soldats sont entrés, on a mis la
main sur le collet au chevalier pour l'em-
mener en prison... et moi, je me suis
trouvé tout botté et courant la poste pour
amener ici M. votre oncle, avec toute sa
société... à cheval.

Mlle D'AIGUEVILLE, dans la plus grande
agitation. Le cardinal en fuite !... le chevalier prisonnier !.. Oh ! mes amis, vous
ne pouvez pas comprendre tout mon malheur...

SCÈNE III.

Mlle D'AIGUEVILLE, LE CHEVALIER
DE LUCY, *descendant précipitamment
l'escalier*, PICHET, FANCHETTE.

LE CHEVALIER. Louise !... ma chère
Louise !

Mlle D'AIGUEVILLE. Monsieur de Lucy !
ah ! est-ce bien vous que je revois ? Ainsi
votre arrestation ?..

LE CHEVALIER. Est positive ; seulement
ce que je ne puis comprendre, c'est que
lorsque je croyais qu'on allait me conduire
à la Bastille, on m'ait amené ici, où je
suis prisonnier sur ma parole.

Mlle D'AIGUEVILLE. Et cette fuite du
cardinal ?

LE CHEVALIER. Personne ne la met en
doute ; l'intrigue l'emporte : votre oncle
triomphe, et moi j'ai trahi les intérêts de
mon bienfaiteur.

Mlle D'AIGUEVILLE. J'ignore quelle faute
vous avez pu commettre, mais ne l'ai-je
pas partagée en vous envoyant ce messager?..

(Elle désigne Pichet.)
Air de Teniers.

Je me disais : je serai sa compagne,
Ah ! si l'exil aujourd'hui vous attend..
Pauvre proscrit, oui, je vous accompagne,
Vous trouverez partout mon cœur constant.
Vous suivre, ami, n'est-ce pas un sacrifice,
Ce doux projet qui m'a souri déjà...
Est un plaisir quand le sort est propice ;
C'est mieux encor quand le malheur est là!
C'est un devoir quand le malheur est là !

LE CHEVALIER. Quel mouvement dans
cette cour ! Je ne me trompe pas... c'est
le nouveau ministre... le maréchal de
Bassompierre.

PICHET. Mon noble maître !.. (*A Fanchette.*) Aide-moi à me ranger.

FANCHETTE, *le faisant asseoir sur un
tabouret.* Mets-toi là.

PICHET, *jetant un cri et se relevant.* Ah!
la, la, me voilà pris d'un autre côté.

SCÈNE IV.

FANCHETTE, PICHET, LA PRINCSSE,
BASSOMPIERRE, Mlle DAIGUE-
VILLE, LE CHEVALIER, COURTISANS.

CHOEUR, entrant par le fond.
AIR : La belle Nuit, etc.

Ah ! quel bonheur, votre excellence,
Doit remplacer dans ce grand jour, son éminence !
Par ses talens, le maréchal,
Va réparer les torts du cardinal !
Honneur ! honneur ! à ce grand maréchal !...

LA PRINCESSE, *souriant.* Plus bas, messieurs ! plus bas ! le maréchal n'est pas
encore officiellement reconnu.

BASSOMPIERRE. Mais le cardinal est
disgracié, ainsi le portefeuille est à moi.

Air *de Fanchon*.
Je n'en fais plus mystère,
J'arrive au ministère,
De Richelieu, je suis vainqueur!
Par notre réussite,
Je prouve qu'ici la faveur,
Est le prix du mérite,
(*A part.*)
Quand on a du bonheur!
(*Apercevant le chevalier.*)

Vous ici, monsieur de Lucy, je vous croyais en exil avec votre illustre maître.

LE CHEVALIER. Je n'ai pas encore reçu de votre excellence l'ordre de partir.

Mlle D'AIGUEVILLE. Et moi, monsieur le maréchal, j'attends la permission de la reine pour suivre mon époux.

BASSOMPIERRE. Vous ignorez, ma chère nièce, que le comte de Beaufremont ne quitte pas la cour.

LE CHEVALIER. J'avais votre promesse.

BASSOMPIERRE. Monsieur, dans ma position, les promesses n'engagent pas. (*Aux courtisans.*) Vous pouvez compter sur ma protection, messieurs; je serai toujours prêt à recevoir vos placets.

FANCHETTE, *bas à Pichet.* Qu'est-ce que nous faisons là, nous autres?

PICHET, *bas à Fanchette.* Attends, j'vas lui parler. (*Haut.*) Monseigneur!

BASSOMPIERRE. Ah! c'est mon nouveau postillon!

LA PRINCESSE. Oui, l'homme à l'aiguillette...

PICHET. C'est moi-même, monseigneur, j'aurai aussi une pétition à vous dire.... c'est, sous votr' respect, à l'effet d'ôter mes... vous comprenez...

BASSOMPIERRE. Le diable m'emporte si je devine! explique-toi plus clairement.

PICHET, *avec embarras.* C'est que je n'ose pas d'vant ces dames... Au fait, faut pas rougir pour ça, Fanchette.

FANCHETTE. Mais je ne rougis pas. (*A la princesse.*) Madame, ce qui le gêne, c'est ses bottes.

PICHET. Dieu!... elle a dit le mot... quelle indécence!

BASSOMPIERRE. Si ce n'est que cela, je te le permets.

PICHET. Merci, monseigneur... Allons, donne-moi l' bras, Fanchette car, en vérité, j'ai un organe de moins: je ne sens plus mes jambes... aïe!

(*Il sort appuyé sur Fanchette.*)

SCÈNE V.

LA PRINCESSE, LE MARQUIS, BASSOMPIERRE, Mlle D'AIGUEVILLE, LE CHEVALIER, COURTISANS.

(*Le marquis descend le grand escalier, au moment où Pichet et Fanchette sortent.*)

LA PRINCESSE, *au marquis.* Vous voilà, marquis!... Eh bien! peut-on se présenter chez le roi?

LE MARQUIS. Encore quelques minutes, et le premier ministre sera proclamé.

BASSOMPIERRE. Vous le voyez, messieurs; vos hommages n'étaient pas prématurés.... Je vous invite tous à la fête que je donnerai au Palais-Cardinal, car le roi ne pourra se dispenser de le confisquer à mon profit.

LE MARQUIS. Mais, c'est ce luxe qui fit tant d'ennemis à Richelieu.

BASSOMPIERRE. Nous l'imiterons dans ce qu'il avait de bon, et cela ne nous donnera pas grand' besogne.

LE CHEVALIER. Peut-être, monsieur le maréchal! il n'est pas si aisé d'imiter Richelieu.

LE MARQUIS. Comment! il est disgracié, et vous le défendez; c'est bien, très-bien, jeune homme!..

BASSOMPIERRE. M. de Lucy ne croit peut-être pas son éminence aussi loin qu'on le suppose...

LE MARQUIS. Richelieu!... mais il était à Compiègne avant nous..

TOUS. Richelieu?

CHOEUR, *à mi-voix.*
Retirons-nous, de la prudence,
Allons, amis, pour saluer son éminence,
Nous reviendrons au maréchal!
Mais avant tout, craignons le cardinal!
Honneur! honneur à ce grand cardinal!
(*Tous les courtisans sortent, ainsi que le chevalier et Mlle d'Aigueville.*)

SCÈNE VII.

LE MARQUIS, LA PRINCESSE, BASSOMPIERRE.

BASSOMPIERRE, *les regardant s'éloigner* Diable!... il paraît que je m'étais flatté trop tôt... Qu'importe, j'aurai toujours eu l'avant goût de la puissance... le parfum m'en restera...

LA PRINCESSE. Mais tout ne peut pas être désespéré.

LE MARQUIS. Oh!.. rien n'est perdu pour vous, car la reine a positivement refusé de recevoir Richelieu, et Louis XIII lui fait faire antichambre; je ne vous connais, dans tout cela, qu'un auxiliaire de moins.

BASSOMPIERRE. Et qui cela?

LE MARQUIS. Moi... qui connais à présent tous vos projets d'ambition; je veux bien me compromettre avec ceux qui travaillent pour le pays; mais, entre la vanité qui ne demande qu'un titre, et l'homme d'état qui a cherché sincèrement la gloire de la France, je me range du côté du génie.

LA PRINCESSE. Ou plutôt du côté du soleil. (*Bas au maréchal.*) Ne perdons pas courage. (*Haut.*) Rendons-nous près de Marie de Médicis, pour soutenir ses résolutions et assurer notre triomphe.

(Ils sortent.)

SCÈNE VIII.

PICHET, *poursuivant* JOLIET.

PICHET. Ah ça! tu ne veux pas me dire comment que ça se fait que te v'là encore ici?.. Mais tu te fourres donc partout?...

JOLIET. Chut!.. chut!.. chut!..

PICHET. Mais ça ne signifie rien! chut...

JOLIET. Silence!.. je suis un homme politique.

PICHET. Ah! bah!.. et moi un homme d'état.

JOLIET. De quel état?

PICHET. Dam! pour l'instant, je donne dans les maréchaux.

JOLIET. Et moi, je me lance dans les cardinaux.

PICHET. J'ai été nommé postillon...

JOLIET. Tu es mis comme un prince!

PICHET. J'ai accompagné la voiture du maréchal par devant.

JOLIET. Et moi, j'ai voyagé dans celle du cardinal par derrière. Ah! ça, maintenant que nous entrons dans le gouvernement, examinons franchement notre position; car il ne s'agit pas de rester constamment dans le vague... Examinons notre position. (*Il secoue fortement Pichet qui jette un cri.*) Qu'est-ce que tu as donc?

PICHET, *se tâtant les reins.* C'est justement la position!.. Diable de cheval!..

JOLIET. Voyons, voyons...

PICHET. Toi qui as de l'esprit...

(Il s'appuie sur l'épaule de Joliet.)

JOLIET. Eh bien! mon cher, quel est ce genre?... Nous ne sommes pas ici au village de Plessier? Prenez donc le ton d'un courtisan. (*Il place son chapeau sur sa hanche, et prend la pose d'un grand seigneur.*) Je vous écoute.

PICHET. Je te disais, toi qui as de l'esprit, est-ce que tu ne devines rien dans tout ce que nous voyons depuis deux jours?

JOLIET. C'est-à-dire que c'est un gâchis horrible; personne n'y voit goutte; c'est un brouillard politique, tout ce qu'il y a de plus épais.

PICHET. Cependant, vois-tu, d'après mes réflexions, il paraîtrait que le maréchal, mon noble maître, voudrait se mettre à la place du tien.

JOLIET. Mais c'est très-profond... c'est un jugement plein de sagesse.

PICHET. De sorte que mon voyage à Rueil, c'est tout bonnement le mot d'ordre de la conspiration que je portais.

JOLIET. Mais c'est sublime!.. Il se développe à vue d'œil.

PICHET. Et c'est ton aiguillette qui les a tous mis dedans.

JOLIET. C'est un colosse que cet être-là... Pichet, ne reste pas postillon, fais-toi diplomate; va-t'en quelque part, n'importe où, et fais-toi diplomate... Eh bien! si c'est comme ça, nous v'là redevenus rivaux, mais loin de nous l'affreux égoïsme... Jurons que celui qui sera le premier sa fortune protégera l'autre, comme doivent le faire deux bons compatriotes et deux voisins qui demeurent dans le même pays.

> Amour sacré de la patrie,
> Inspire-nous dans le danger,
> Que l'amitié toujours chérie
> Vienne en ces lieux nous protéger.

SCÈNE IX.

JOLIET, LE MARQUIS, Mlle D'AIGUE-VILLE, LA PRINCESSE, BASSOMPIERRE, LE CHEVALIER, PICHET, FANCHETTE, COURTISANS *et* PAYSANS.

LA PRINCESSE. Vous le voyez, maréchal, la reine faiblit, le roi balance encore, Richelieu est déjà dans le salon d'attente, nous avons été trahis par l'homme qui portait la première aiguillette.

JOLIET. Moi, je vous ai trahis.

(Ici, le marquis de Laville prend Pichet par le bras; il lui parle à l'oreille et semble l'effrayer.)

LA PRINCESSE. Oui, traître, tu as parlé au cardinal, sa présence ici nous le prouve.

LE MARÉCHAL. Si je triomphe, tu seras pendu.

JOLIET. Allons, bon, me voilà en suspens.

(La princesse, le maréchal, le chevalier, Mlle d'Aigueville et les courtisans remontent au fond.)

PICHET. Ah! Joliet, je suis menacé dans ce que j'ai de plus cher dans mon existence.

JOLIET. Quoi! toi...

PICHET. Moi, on vient de me [le déclarer, en ma qualité de courrier du maréchal, si le cardinal reste, je suis décapité.

JOLIET. Si le cardinal part, je suis pendu.

PICHET. Alors il y en aura un de nous deux.

JOLIET. Ah! mon ami, je n'espère qu'en toi.

PICHET. Merci!

Mlle D'AIGUEVILE, *descendant la scène avec les autres personnages.* Le cardinal vient d'entrer chez la reine.

LA PRINCESSE. Notre sort va se décider... dans un instant nous aurons pour ministre ou Bassompierre ou Richelieu.

PICHET. Je vas savoir si j'existe.

JOLIET, *à part.* Où diable ai-je été me fourrer dans le ministère?

LA PRINCESSE, *sur l'escalier.* La porte est restée ouverte, d'ici l'on peut tout voir.

BASSOMPIERRE. Plaçons-nous de manière à être les premiers instruits.

JOLIET. C'est ça, faisons la chaîne, nous nous repasserons les paroles.

PICHET. Qu'est-ce qu'ils disent?

LA PRINCESSE. Rien encore, le cardinal se jette aux pieds de la reine.

PICHET. Le capon.

JOLIET. Oh! le brave homme!

LA PRINCESSE. Elle lui tend la main et le relève en souriant.

BASSOMPIERRE. Malédiction!

LA PRINCESSE. Le roi s'anime, Richelieu vient de pâlir.

JOLIET. Et moi aussi.

LA PRINCESSE. La reine-mère le menace.

PICHET. Le scélérat!

LA PRINCESSE. Ah! il rend le portefeuille.

JOLIET. L'imbécille, est-ce que ça se rend?

LA PRINCESSE. Il sort.

PICHET. Ma vie se rallume.

JOLIET. Je m'éteins.

BASSOMPIERRE. Messieurs, ma cause est gagnée.

TOUS. Vive le maréchal!

LA PRINCESSE. Allons, messieurs, suivons son excellence.

SCÈNE VI.

LES MÊMES, UN HUISSIER, *puis* LE CARDINAL.

L'HUISSIER, *descendant l'escalier et remettant un papier à Lucy et à Bassompierre.* Monsieur de Lucy, le maréchal de Bassompierre.

LE CHEVALIER. Que vois-je, le roi me donne un régiment.

BASSOMPIERRE. C'est ma nomination.

TOUS. Vive le maréchal!

BASSOMPIERRE, *lisant.* « Le maréchal de » Bassompierre se rendra sur-le-champ à » la Bastille. »

TOUS. Ciel!

BASSOMPIERRE, *lisant.* « La princesse » de Conti est libre de partager sa capti- » vité, le roi approuve ce mariage. »

LA PRINCESSE. Je vous suivrai.

JOLIET. Pichet, je rattrape mon existence.

PICHET. Joliet, je perds la respiration.

Mlle D'AIGUEVILLE, *à Pichet.* Voilà ta dot et ta femme, je réponds de toi.

BASSOMPIERRE. J'écrirai mes mémoires.

JOLIET. Je puis donc disposer de ma tête.

PICHET. C'est ta femme qui en disposeras, tu peux la lui confier.

L'HUISSIER, *annonçant.* Le premier ministre, son éminence Armand Duplessis, cardinal de Richelieu.

(Richelieu paraît sur le grand escalier ; soudain tous les courtisans et les paysans se mettent à crier :

TOUS. Vive le cardinal!

(Richelieu, d'un ton de bonté, salue les assistans, on vient lui présenter des pétitions qu'il remet au père Joseph qui le suit ; le marquis va saluer le maréchal, le chevalier se précipite aux pieds du cardinal qui le relève en lui adressant un regard de bienveillance.)

CHŒUR.

Vive à jamais, vive son excellence,
Vive un ministre à jamais sans égal.
Que ce grand nom protège encore la France.
Honneur! honneur à ce grand cardinal!

FIN.

IMPRIMERIE DE Ve DONDEY-DUPRÉ, RUE SAINT-LOUIS, N° 46, AU MARAIS.

9 782014 464696